Analyse de l'œuvre

Par Irène Lazzari

Capitale de la douleur

de Paul Éluard

Analyse de l'œuvre

Par Irène Lazzari

Capitale de la douleur

de Paul Éluard

lePetitLittéraire.fr

Rendez-vous sur lepetitlitteraire.fr et découvrez :

Plus de 1200 analyses
Claires et synthétiques
Téléchargeables en 30 secondes
À imprimer chez soi

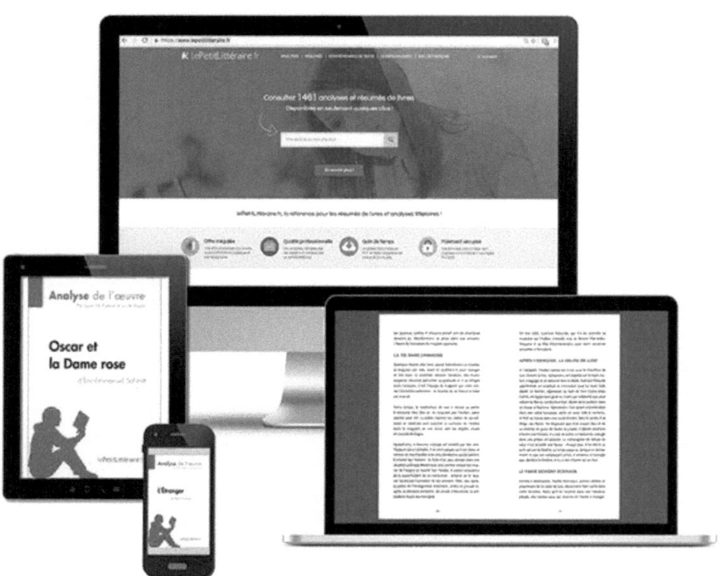

PAUL ÉLUARD

POÈTE FRANÇAIS

- **Né en 1895 à Saint-Denis**
- **Décédé en 1952 à Charenton-le-Pont**
- **Quelques-unes de ses œuvres :**
  - *L'Amour la poésie* (1929), recueil de poésie
  - *Liberté* (1942), recueil de poésie
  - *Courage* (1943), recueil de poésie

Fils d'un comptable et d'une couturière, Paul Éluard (de son vrai nom Eugène Grindel ; il choisit ce pseudonyme en 1916) devra interrompre ses études à l'âge de seize ans à cause d'une santé fragile et notamment d'une tuberculose. Au sanatorium de Clavadel, en Suisse, il fait la connaissance d'une jeune Russe en exil, Helena Diakonova, qu'il surnommera Gala. Sa forte personnalité et sa culture impressionnent le jeune Éluard. Ensemble, ils lisent les poèmes de Gérard de Nerval, Charles Baudelaire, Lautréamont et Guillaume Apollinaire.

Éluard est mobilisé en 1914 comme infirmier militaire, mais sera finalement éloigné des combats en raison d'une bronchite aiguë. Deux ans plus tard, Éluard épouse Gala. De leur amour naîtra une petite fille, Cécile, en 1918.

Le traumatisme de la guerre et de son expérience sur les champs de bataille fait naître en lui une profonde remise en question du monde : Éluard rejoindra Dada, un mouvement d'avant-garde dont les fondements esthétiques et idéologiques naissent du sentiment d'absurdité qui domine l'après-guerre. Ami intime d'André Breton, il rejoint activement le surréalisme et participe à ses nombreuses manifestations publiques.

Poète engagé, Éluard adhère au Parti communiste français avec Louis Aragon — un autre membre du surréalisme —, André Breton et Pierre Unik. Cette époque d'engagement politique est aussi la plus prolifique en termes de publications : *Capitale de la douleur* est publié en 1926, *L'amour la poésie* en 1929.

À nouveau grandement malade, Éluard retournera au sanatorium en 1928, en compagnie de Gala, bien que celle-ci soit ouvertement la maitresse de Max Ernst. En Suisse, la jeune femme rencontrera Salvador Dali, artiste atypique pour qui elle quittera Éluard. La relation avec Gala inspirera au poète de nombreux écrits, souvent emprunts de mélancolie et de souffrance, deux états qui semblent alors indissociables du senti-ment amoureux.

CAPITALE DE LA DOULEUR

UNE EXPÉRIENCE POÉTIQUE INNOVANTE

- **Genre** : recueil de poésie
- **Édition de référence** : *Capitale de la douleur. Suivi de L'amour la poésie*, Gallimard, coll. « Poésie », 1966, 255 p.
- **1re édition :** 1926
- **Thématiques :** amour, création, guerre, surréalisme, souffrance, langage, rêve

Publié en 1926, *Capitale de la douleur* est le premier recueil de Paul Éluard, bien qu'il s'agisse d'un ensemble composite : certains poèmes ont déjà été publiés individuellement et leur ordre a été remanié par l'auteur afin de mieux épouser la structure voulue. D'appartenance surréaliste — aux côtés d'André Breton (poète français), de Louis Aragon (poète français) et de Philippe Soupault (poète français) —, Paul Éluard ne manque pas d'y affirmer l'esthétique poétique révolutionnaire et l'expérimentation formelle qui leur sont propres, notamment via l'écriture automatique (une écriture très libre sans le contrôle de la raison), l'utilisation de vers blancs (vers d'une poésie non rimée), de ruptures métriques (césure dans le vers) ou encore la richesse d'interprétation de la polysémie (plusieurs sens pour un même mot) qui donne un caractère surnaturel aux motifs d'imagination.

La poésie d'Éluard se revendique libre, à l'image de cette nouvelle vie d'après-guerre, et certains poèmes s'apparentent à de petites histoires en prose. Il se livre également à une déstructuration de la prosodie (la quantité de syllabes et l'accent tonique dans un vers) ou syntaxique (les mots surgissent comme des idées, sans que la raison puisse les ordonner dans une ponctuation intelligible). Cette pratique visant à laisser l'inconscient s'exprimer en dehors de tout contrôle de la raison est propre aux surréalistes, qui la nomment « écriture automatique ».

Haut en couleurs, *Capitale de la douleur* est aussi l'occasion de marquer la filiation artistique qui unit poésie et peinture, d'où les nombreux hommages à ses amis peintres (Pablo Picasso, Joan

Miro, Giorgio De Chirico, Max Ernst, Georges Braque, Paul Klee ou encore André Masson) et, bien entendu, à Gala, muse et épouse du poète.

RÉSUMÉ

LE TITRE

Initialement intitulé *L'art d'être malheureux*, le titre définitif donne sans détour le ton du recueil et laisse libre court à la superposition d'ambiguïtés : *Capitale de la douleur* joue en effet sur une polysémie que le contexte historique ne manque pas d'éclairer. En effet, principalement composé pendant et après la Première Guerre mondiale dans un Paris assiégé par l'ennemi, *Capitale de la douleur* semble évoquer d'emblée la ville que les surréalistes chérissent tant, celle où leur art peut se manifester au travers d'expositions, de manifestations ou d'évènements artistiques.

Mais le recueil est aussi l'occasion d'évoquer Gala, dont l'amour est source de douloureuses passions, et son intitulé, superlatif de la souffrance, peut également faire écho à cette peine capitale que ressent le poète. Des poèmes d'Éluard transparait la tristesse causée par l'abandon de l'être aimé, Gala étant sur le point de le quitter pour se marier à Dali en 1926, date de l'achevé d'imprimer.

Du reste, l'intitulé de *Capitale de la douleur* demeure une énigme que l'organisation du recueil éclaire quelque peu.

ORGANISATION DU RECUEIL

Éluard est âgé de trente ans lorsqu'il publie *Capitale de la douleur*. Il a déjà à son actif une douzaine de recueils et plaquettes, bien qu'il renia la majorité de son travail, ou que celui-ci fut refusé par les éditeurs. *Capitale de la douleur* est une œuvre longuement murie et la postérité la consacrera comme l'une de ses plus importantes. *Capitale de la douleur* est une anthologie (c'est-à-dire un recueil constitué de poèmes choisis) et les parties qui la composent permettent d'intégrer des poèmes antérieurs, notamment des poèmes de jeunesse. Dans cette sélection de 113 poèmes alternant des textes courts et longs dans le but de ménager des effets de surprise, l'ordre ne répond pas à une chronologie ni à une thématique bien précise. Toutefois, quatre ensembles se dégagent distinctement :

- « Répétitions » se compose de 35 poèmes. L'expérimentation formelle (qui consiste à créer de nouvelles formes de poèmes sans tenir compte des codes de versification classique) domine cet espace dans lequel les poèmes sont reliés entre eux par des « suites » et des reprises de motifs tels que les couleurs, la lumière et le jour. Le langage poétique s'y exprime de manière très libre grâce à l'écriture automatique, d'où une impression de poèmes improvisés et spontanés.

- « Mourir de ne pas mourir » se compose de 22 poèmes dans lesquels les contraires luttent et les paradoxes se côtoient (« L'égalité des sexes », « Le sourd et l'aveugle », « La bénédiction », « La malédiction », « Celle qui n'a pas la parole »). Le titre s'inspire du célèbre « Que muero porque no muero » de Thérèse d'Avila (religieuse espagnole canonisée en 1622, auteure d'écrits spirituels et mystiques), devenu topos de la thématique du mal d'amour dans la poésie européenne du XVIe siècle.

- « Les petits justes » est une série de 11 poèmes assez courts dépourvus de titre, mais numérotés en chiffres romains et dont le sens demeure volontairement énigmatique. Le dernier se clôt sur une formule équivoque (« Etc... ») comme si l'espace vide pouvait être rempli par d'autres histoires.

- « Nouveaux poèmes » est la section la plus riche avec 45 poèmes. Le ton est celui de la renaissance et de la libération du sujet lyrique passant par l'évocation de la guerre, ce naufrage qui symbolise la fin des idéaux. C'est aussi dans cette section que de nombreux hommages sont rendus à des peintres et artistes proches du poète (« Pablo Picasso », « André Masson », « Paul Klee », « Max Ernst », « Georges Braque », « Jean Miró »)

En conclusion, la structure du recueil montre une organisation interne assez étudiée par son auteur, mais les thématiques récurrentes qui y sont abordées traversent de toutes parts les sections, comme si une dynamique transcendait l'œuvre dans sa totalité. L'alternance de poèmes réguliers et déstructurés, ou encore de poèmes en prose, indique une volonté d'affirmer une esthétique nouvelle, celle des surréalistes (voir infra).

Thématiques

Capitale de la douleur convoque de nombreux thèmes très variés, bien que le motif dominant soit celui d'une longue tradition poétique, avec l'amour et ses souffrances comme impulsions créatrices.

Parmi les thématiques, on retrouve :

- L'amour et ses souffrances. Le recueil se présente comme une exaltation lucide du désir et de l'être aimé, Gala. Celle-ci est une muse inspiratrice pour le poète, et les pensées amoureuses qu'il éprouve pour elle sont intimement liées au chagrin sentimental, ce dernier étant également une source d'inspiration pour le poète. Certains poèmes sont de véritables éloges à l'amour, notamment « Suite » (« Un amour dans la bouche, un bel oiseau dans les cheveux,/Parée comme les champs, les bois, les routes et la mer,/Belle et parée comme le tour du monde ») ainsi que le célèbre « La courbe de tes yeux » (« La courbe de tes yeux fait le tour de mon cœur,/Un rond de danse et de douceur »). Toutefois, la souffrance demeure toujours dans l'ombre de l'amour, comme en témoigne « X » (« Et je la vois et je la perds et je subis/Ma douleur, comme un peu de soleil dans l'eau froide. »), mais aussi « L'ombre aux soupirs », « Elle est », et « Boire », tous emprunts d'un profond désespoir.
- Les éléments naturels. Le feu, la terre, l'air et l'eau sont des thèmes qui alimentent et

fondent l'ensemble du recueil. Omniprésents, ils participent à la transfiguration de l'univers dans « La rivière », « Luire », « La bénédiction », « Georges Braque », ou font écho au ressenti personnel du poète, au dynamisme de ses sentiments et à leur constance à travers des poèmes tels que « Leurs yeux toujours purs » (« De véritables dieux, des oiseaux dans la terre/Et dans l'eau je les ai vus. »), « Dans la brume » ou encore « Le grand jour ».

- La fuite du temps, la mélancolie et la mort. Ces lieux communs du lyrisme traditionnel sont évoqués de façon originale. Dans « L'invention », le sable qui coule montre, entre autres, le temps qui passe, dans « Leurs yeux toujours purs », la mort n'empêche pas la continuité (« Ma pensée soutenue par la vie et la mort »), et dans « Ta bouche aux lèvres d'or », on y entend toujours vibrer la voix de l'amoureuse dans « [...] tous les bruits du monde ».

- La guerre et la religion. Profondément marqué par son parcours personnel, Éluard évoque souvent la guerre et son absurdité dans des poèmes tels que « Paris pendant la guerre », « Jour de tout », et « Première du monde » où crissent encore le bruit du métal et des plombs. Indissociable de la guerre, la religion et ses sacrifices sont bien présents dans « L'ombre aux soupirs », « Au cœur de mon amour », « La bénédiction » et « La malédiction ».

ÉCLAIRAGES

UNE PÉRIODE DE BOULEVERSEMENTS IDÉOLOGIQUES ET ESTHÉTIQUES

La période durant laquelle Éluard écrit une grande partie des poèmes qui composeront *Capitale de la douleur* est marquée par des conflits mondiaux sans précédent. En juin 1926, Paul Éluard est affecté à un hôpital d'évacuation comme infirmier et côtoie de près les victimes de la guerre. La guerre est pour lui un moment de destins croisés où il expérimente en alternance le front et la maladie : tantôt dans les tranchées, tantôt hospitalisé, le jeune poète frôle de près la mort et se montre particulièrement sensible à la douleur qui l'entoure alors. Huit ans plus tard, la guerre et la véritable boucherie qu'elle a engendrée demeurent encore dans les esprits.

C'est en réaction à l'absurdité de cette désormais dite « drôle de guerre » que le surréalisme, mouvement d'avant-garde littéraire et artistique, prend toute son ampleur. L'année 1924 marque l'engagement effectif de Paul Éluard parmi les surréalistes et l'influence rimbaldienne ne manque pas de nourrir les idéaux esthétiques et politiques de ceux-ci : « changer la vie » est un héritage que les surréalistes vont intégrer, tout comme l'idée d'Arthur Rimbaud selon laquelle le poète doit nécessairement se mettre en retrait et observer le déroulement de ses pensées afin de permettre à la poésie de se développer par elle-même. En cela, l'écriture automatique peut être perçue comme une mise en pratique de la pensée d'Arthur Rimbaud. En 1926, Éluard adhère au Parti communiste.

Le surréalisme

Le surréalisme est un « mouvement d'avant-garde littéraire et artistique né après la Première Guerre mondiale et actif jusqu'au milieu des années soixante, [qui] a rassemblé des écrivains et des artistes désireux de rompre avec un rationalisme jugé réducteur, afin de libérer "la vie de l'esprit" et de capter le "merveilleux" de la vie quotidienne » (« Surréalisme », in Le Dictionnaire du littéraire, p. 598).

Ce mouvement, qui a vu le jour sous l'impulsion d'André Breton (1896-1966), Louis Aragon (1897-1982) et Philippe Soupault (1897-1990), s'est affirmé en 1924 avec son Manifeste du surréalisme, l'occasion pour Breton d'affirmer l'autonomie de la littérature et de « souligne[r] la nouveauté subversive du mouvement, [d']accueil[ir] avec enthousiasme l'idée freudienne de l'inconscient et [de] prône[r] l'"écriture automatique" » (ibid.).

Après avoir occupé une place prépondérante sur la scène des avant-gardes, le mouvement périclite jusqu'à s'éteindre à la mort de Breton.

UN CONTEXTE ARTISTIQUE EN EFFERVESCENCE

De nombreux poèmes consacrés et dédiés à ses amis peintres et artistes témoignent des liens très profonds qui les unissaient à Éluard. Toute sa vie, Éluard sera d'ailleurs un grand collectionneur d'objets d'art qu'il achètera, vendra et échangera au gré de ses désirs. Jean-Charles

Gateau dit de lui : « Aucun poète de ce siècle, et je pèse mes mots, n'a eu comme Éluard l'amour de la peinture ».

Il faut dire que le contexte artistique de l'époque est particulièrement fécond et qu'Éluard s'initie très tôt à la découverte des arts. Son exil médical en Suisse et ses pérégrinations militaires le poussent à rattraper le temps perdu en s'initiant à l'art. En rejoignant la révolte dadaïste, il découvre en 1921 le peintre allemand Max Ernst grâce à une exposition, puis lui rend visite à Cologne. Le peintre deviendra pour lui, plus qu'un modèle, un ami très porche dont l'œuvre ne manquera pas de l'inspirer.

En décembre 1923, Éluard rencontre le peintre De Chirico, à Rome. Deux ans plus tard, le poète rédige la préface au catalogue d'exposition des aquarelles du peinte suisse Paul Klee, puis rédige celle de l'exposition de Max Ernst. Son amitié avec ces artistes a donné naissance à plusieurs livres illustrés et ses poèmes furent bien souvent inspirés par des peintures, montrant ainsi que la poésie est un art au même titre que l'art figuratif. Éluard façonne ainsi, sous forme d'une aventure personnelle et amicale, une quête esthétique dont la trajectoire se nourrit de ses amitiés.

CLÉS DE LECTURE

LA SYNESTHÉSIE COMME EXHORTATION À LA SENSIBILITÉ : UN REMÈDE CONTRE LA DOULEUR

Les poèmes qui composent *Capitale de la douleur* sont lieux d'une grande richesse sensorielle et leur lecture ne manque pas de convoquer diverses perceptions simultanées — visuelle, olfactive, sonore, et tactile —. Cette synesthésie, que l'on définit comme la capacité à faire appel à une sensation particulière en recourant à des termes normalement réservés à une sensation d'ordre différent (par exemple, « goûter le vent », ou « entendre des parfums »), est l'occasion d'une ouverture sur un monde aussi luxuriant que vaste et dont les limites échappent à celle de la sensibilité.

Vécue comme une expérience quasi phénoménologique, la vision du monde qu'invoque Éluard fait naître des associations d'idées surprenantes, notamment via une polysémie qui démultiplie à l'infini les possibilités représentatives. Dans cet univers poétique, les couleurs se touchent, les sons se dessinent, les odeurs se heurtent et les vers se goutent. Plus qu'un exercice d'expérimentation formelle, la poésie d'Éluard a pour vocation de bouleverser l'ordre établi des choses en proposant une expérience de vie différente. Nul doute, c'est dans la lignée de l'exhortation rimbaldienne à « changer la vie » — et plus tard celle de Marx à « transformer le monde » — que *Capitale de la douleur* s'inscrit avec succès. Breton, en sa qualité de chef de file du Surréalisme, dira d'ailleurs : « Transformer le monde, a dit Marx. Changer la vie, a dit Rimbaud. Ces deux mots d'ordre pour nous n'en font qu'un ».

La peinture comme couleur dominante

L'attrait particulier d'Éluard pour l'art pictural se manifeste sous plusieurs formes dans *Capitale de la douleur* : si Hans Arp, Georges Braque, Max Ernst, Giorgio de Chirico, Paul Klee, André Masson, Joan Miró et Pablo Picasso sont des amis peintres du poète, leurs noms sont aussi les titres de plusieurs poèmes du recueil. Ces hommages permettent de souligner le pouvoir créateur de l'artiste et de faire appel à cette capacité qu'ils ont d'exprimer l'inexprimable, en plus d'affirmer les relations étroites qui unissent poésie et peinture. Dès lors, nombreuses sont les invitations à la contemplation, lesquelles passent indubitablement par la sollicitation visuelle. « Absences II » est particulièrement significatif à cet égard puisqu'il évoque la possibilité que permet, paradoxalement, le sommeil de ne plus rêver, tant les yeux sont le moyen ultime du songe :

> Si je m'endors, c'est pour ne plus rêver.
> Quelles seront alors les armes de mon triomphe ?
> Dans mes yeux grands ouverts, le soleil fait des joints,
> Ô jardin de mes yeux !

Et quiconque se mettrait en travers de la vision du poète, y éclipsant la lumière, se verra foudroyé de fatalisme, comme en témoigne « La malédiction » :

> [...] Les hommes qui sous tous les cieux se ressemblent sont aussi bêtes sur la terre qu'au ciel. Et celui qui traîne un couteau dans les herbes hautes, dans les herbes de mes yeux, de mes cheveux et de mes rêves, celui qui porte dans

ses bras tous les signes de l'ombre, est tombé, tacheté d'azur, sur les fleurs à quatre couleurs.

Pour cette raison, les lumières et les couleurs s'exhalent comme des parfums du recueil ; bigarrées, nuancées, intenses, mais toujours à profusion. Les astres, l'aurore, la lune, le soleil et l'aube donnent tout l'éclat au tableau du poète. L'oiseau incarne d'ailleurs cet être qui conquiert la lumière : symbole de la liberté, il est celui qui, dans « Georges Braque », « n'a jamais craint la lumière,/Enfermé dans son vol,/Il n'a jamais eu d'ombre ». Par opposition, l'hirondelle se débat sans espoir lorsqu'elle est aveugle dans « L'as de trèfle ».

En outre, l'agencement typographique particulier de certains poèmes témoigne de la nécessité de ceux-ci d'être vus, en plus d'être lus. Dans « À la minute », la fluidité et le rythme rapide que permet l'absence de virgules et la concision des vers font écho au temps qui s'échappe, seconde après seconde, et le poème est représenté symboliquement par la forme d'un sablier :

> L'instrument
> Comme tu le vois.
> Espérons
> Et
> Espérons
> Ne t'avise pas
> Que les yeux
> Comme tu le vois
> Le jour et la nuit ont bien réussi
> Je le regarde je le vois.

Tout aussi proche du calligramme est « Ce n'est pas la poésie qui... » dont l'enjambement final, mis en exergue volontairement, révèle la forme du poème :

> Avec des yeux pareils
> Que tout est semblable
> École de nu.
> Tranquillement
> Dans un visage délié
> Nous avons pris des garanties
> Un coup de main aux cheveux rapides
> La bouche de voluptueux inférieur joue et tombe
> Et nous lançons le menton qui tourne comme une
> [toupie.

L'odeur des vers, le son des parfums

La sensation olfactive est bien souvent associée à ce que les yeux contemplent, conférant ainsi aux mots un caractère odorant, comme l'illustre parfaitement « La courbe de tes yeux », poème d'autant plus exaltant qu'il fait l'éloge de Gala, la muse du poète, en sa qualité d'inspiratrice émotionnelle et sensuelle :

> Roseaux du vent, sourires parfumés
> [..]
> Parfums éclos d'une couvée d'aurores

« La courbe de tes yeux », plus qu'un blason dithyrambique, c'est-à-dire particulièrement élogieux, est aussi un chant à sa bien-aimée, d'où de nombreux échos phonétiques en assonances (courbe, tour, douceur, tout, toujours, jour, mousse, sourires, couleur, source, couvée, coule, couvrant) et en allitérations (courbe, tour, auréole, berceau, rond, sourires, couvrant). Mais les parfums ne sont pas toujours aussi enivrants et de l'expérience traumatisante de la guerre persistent les relents d'un sacrifice humain. Ainsi, ce que déplore Éluard dans « La bénédiction » est le sort funeste réservé à cette chair à canon partie au front :

Ou encore dans « Paris pendant la guerre » où les « faubourgs sont en feu ».

Notons cependant que les poèmes rimés font figure d'exceptions au sein de ce recueil expérimentant les possibilités du langage en des formes moins traditionnelles : « L'égalité des sexes » présente des alexandrins dont les rimes croisées (ABAB) et embrassées (ABBA) évoquent à parts égales la rencontre et le mélange des deux genres ; « Le jeu de construction » se construit sur des rimes croisées, évolue vers la liberté (ABC-CAB) et se clôt sur un écho redondant (Mais pour ça, ça et ça.) ; le sonnet de la « Bouche usée » reprend la forme « usée » du quatrain, avec ses rimes embrassées suivies du du sizain inverti (CCD-EDE).

De fait, la musicalité inhérente à *Capitale de la douleur* se manifeste davantage via le rythme

particulièrement empressé d'un poème tel que
« La parole » qui s'apparente à une logorrhée de
pensées dont la spontanéité justifie l'absence de
ponctuation, ou encore via la course effrénée de
« L'invention » où l'accumulation anaphorique
(c'est-à-dire une répétition d'un ou de plusieurs
mots afin d'obtenir un effet de redondance, de
symétrie ou de renforcement) de « l'art » et
les multiples juxtapositions engendrées par les
virgules donnent la sensation d'une course folle,
celle de la création artistique :

> L'art d'aimer, l'art libéral, l'art de bien mourir,
> l'art de penser, l'art incohérent, l'art de fumer,
> l'art de jouir, l'art du moyen âge, l'art décoratif,
> l'art de raisonner, l'art de bien raisonner, l'art
> poétique, l'art mécanique, l'art érotique, l'art
> d'être grand — père, l'art de la danse, l'art de voir,
> l'art d'agrément, l'art de caresser, l'art japonais,
> l'art de jouer, l'art de manger, l'art de torturer.

Enfin, « Dans la danse » représente la synthèse
de cette association précédemment évoquée
entre le visuel et le sonore puisque la redondance
de « il y a des femmes » et « petite table » agit
comme un refrain dans ce poème dont la dis-
position visuelle rappelle la cadence des pas de

danse d'une comptine d'enfant, avec quelques enjambements :

> Petite table enfantine,
> il y a des femmes dont les yeux sont comme des
> [morceaux de sucre,
> il y a des femmes graves comme les mouvements de
> [l'amour qu'on ne surprend pas,
> il y a des femmes au visage pâle,
> d'autres comme le ciel à la veille du vent.
> [...]
> Petite table trop basse ou trop haute.
> il y a des femmes grasses
> avec des ombres légères,
> il y a des robes creuses,
> des robes sèches,
> des robes que l'on porte chez soi et que l'amour ne
> [fait jamais sortir.
> [...]

Les sens ou la révolte contre la douleur

De nombreux personnages sont évoqués dans *Capitale de la douleur*, dont trois en particulier, caractérisés par la privation d'un sens, attirent l'attention du lecteur en raison de leur récurrence : le sourd, l'aveugle et le muet (les deux premiers étant aussi le titre d'un poème) sont associés des termes péjoratifs : « Aveugle maladroit, ignorant et léger » dans « Volontairement » ; « aveugle silencieuse/Elle est partout semblable et vide dans « Parfait » ; Il fait un triste temps, il fait une nuit noire/À ne pas mettre un aveugle dehors » dans « Sans rancune » ; les muets sont des « menteurs » dans « Sans musique » et dans leurs bouches pourrissent « sourires, soupires et injures », toujours dans « Sans rancune ».

Si l'hypersensibilité offre un terreau fertile à la souffrance, elle permet aussi de la dépasser. En effet, les perceptions sensorielles sont évoquées par Éluard comme la possibilité de transformer une douleur en un pouvoir créateur. C'est en tout cas ce que suggère le poème « Suite », condensé de tous les sens dont le titre évoque, sinon une continuité, au moins un accompagnement com-plaisant :

> Pour l'éclat du jour des bonheurs en l'air
> [la vue, le toucher]
> Pour vivre aisément des goûts des couleurs.
> [le goût, la vue]
> Pour se régaler des amours pour rire.   [le goût, l'odorat, l'ouïe]

> Pour ouvrir les yeux au dernier instant
> [la vue, la révolte in extremis]
> Elle a toutes les complaisances.

LE LANGAGE INCONSCIENT ET L'ÉCRITURE DU SURRÉALISTE

Capitale de la douleur est aussi le lieu d'une réflexion sur le langage, la parole, la création et l'invention. S'inscrivant dans une dynamique de bouleversements artistiques, le recueil est cependant à mi-chemin entre l'héritage poétique et l'innovation expérimentale. On remarque en effet qu'Éluard conserve parfois une forme de classicisme dans ses vers et sa poésie est loin d'être aussi radicale dans le jeu de destruction auquel prennent part les autres surréalistes déclarant ouvertement la guerre à la littérature. En ce sens, Éluard réinvente les codes classiques en y mêlant de nouvelles ambitions esthétiques, notamment via une utilisation très modérée de l'écriture automatique.

L'écriture automatique

Définie par les surréalistes comme un exercice permettant à la créativité de libérer les révélations de l'inconscient en dehors de tout contrôle exercé par la raison, l'écriture automatique est aussi un moyen d'associer des mots avec des résultats surprenants et particulièrement insolites. La mise en scène de la spontanéité de la parole donne le sentiment d'une pensée profuse et fantaisiste. En ce sens, le premier vers de « La parole » est particulièrement révélateur de cette dynamique créatrice : « J'ai la beauté facile est c'est heureux ».

Tout porte à croire que la parole est une chose qui s'écoule aussi librement et aussi abondamment qu'un flot. L'impression générale d'un tel poème est celle d'une richesse créatrice rendue possible par un procédé tel que l'écriture automatique :

> J'ai la beauté facile et c'est heureux.
> Je glisse sur le toit des vents
> Je glisse sur le toit des mers
> Je suis devenue sentimentale
> Je ne connais plus le conducteur
> Je ne bouge plus soie sur les glaces
> Je suis malade fleurs et cailloux
> J'aime le plus chinois aux nues
> J'aime la plus nue aux écarts d'oiseau
> Je suis vieille, mais ici je suis belle
> Et l'ombre qui descend des fenêtres profondes
> Épargne chaque soir le cœur noir de mes yeux.

L'impression de spontanéité vient de la reprise anaphorique du pronom personnel « Je » en chaque début de vers à l'exception du dernier, comme si l'entité poétique énumérait ses revendications une à une sans continuité logique, passant d'une idée à l'autre sans qu'il y ait de rapport sémantique entre les vers. Cela confère au poème un certain désordre, celui d'une pensée décousue, mais pleine de sincérité et de spontanéité.

Dans « La rivière », une métaphore confirme ce désir de libérer la pensée :

> La rivière que j'ai sous la langue,
> L'eau qu'on n'imagine pas, mon petit bateau,
> Et, les rideaux baissés, parlons.

Sauvage et imprévisible, la rivière est ce flot qui, symboliquement, représente chez Éluard l'écoulement naturel de la parole poétique. *Capitale de la douleur* obéit à une esthétique nourrie des préceptes surréalistes tout en les dépassant dans une singulière appropriation. Le processus de la création, facile et heureux, s'exprime aussi dans les premiers vers de « L'invention », poème dans lequel le sable représente métaphoriquement la parole qui s'écoule et échappe à la maitrise du poète tandis que l'écoulement de la pensée ouvre le champ à tous les possibles poétiques.

> La droite laisse couler du sable.
> Toutes les transformations sont possibles.

« L'absolue nécessité » rend compte explicitement de ce déferlement d'idées que la raison ne parvient pas à totalement structurer puisque ce récit en prose, assez long, n'est ponctué que de deux points. L'impression qui se dégage de ces deux phrases vertigineusement longues est celle du récit sans entrave où se superposent des pensées comme des images qui jaillissent.

Le récit de rêve

Cependant, Éluard utilise l'écriture automatique de manière très modérée, craignant sans doute de déconstruire le langage de manière trop radicale et d'empêcher ses sentiments conscients de s'exprimer librement. En effet, ses petits récits en prose (« Pour se prendre au piège »,« Première du monde »,« Paris pendant la guerre »,« Au hasard »,« Entre peu d'autres »,« Jour de tout »« Le miroir d'un moment ») conservent une cohérence et une logique que l'on ne retrouve pas dans les poèmes qui se revendiquent clairement comme le résultat de séances d'écriture automatique (« Poisson soluble », ou « L'Immaculée Conception » de Breton, par exemple).

Cet usage modéré de l'écriture automatique n'empêche cependant pas le recours à l'inconscient puisque le récit de rêve est particulièrement présent dans *Capitale de la douleur*. Qu'il s'agisse de transcriptions de sommeils hypnotique ou de songes, le recueil se construit dans une esthétique nourrie des préceptes surréalistes hérités de Sigmund Freud et de son interprétation des rêves. Ainsi, des poèmes tels que « Silence de l'évangile » ou « Pablo Picasso » se lisent comme des rêves dans lesquels la solitude n'interdit pas la présence de l'être aimé, et la pureté n'interdit pas le désir charnel.

L'HARMONIE DES ÉLÉMENTS : QUAND LA MUSE ET L'UNIVERS SE CONFONDENT

Les éléments naturels précédemment évoqués (le feu, la terre, l'eau et l'air) traversent de part en part *Capitale de la douleur* et la nature fait bien souvent écho aux sentiments du poète. Leur présence nourrit un univers figuratif très intense en plus d'apporter de l'ampleur à la création poétique. Mais la nature est également convoquée lorsqu'il s'agit de décrire les caractéristiques physiques de l'être aimé. La limite entre les éléments du monde et les particularités anatomiques de Gala est transgressive, comme si la femme et le monde ne faisaient plus qu'un, indissociables au point de dépendre l'un de l'autre.

La personnification de la Nature

La personnification est une figure de style consistant à attribuer des propriétés humaines à un élément non humain. Un exemple concret et significatif de ce procédé se donne à lire dans « Le sourd et l'aveugle » puisque l'eau, élément liquide composé d'un atome d'oxygène et de deux atomes d'hydrogène, se voit subitement dotée de particularités humaines, à savoir des mains (« L'eau se frottant les mains aiguise des couteaux »). Il s'opère une confusion telle entre la nature et le corps que tout semble se mélanger. Le même procédé est perceptible dans « L'ombre aux soupirs » où le ciel « lourd des mains, éclairs des veines [...] lâche le dernier oiseau », ou encore dans « Ta bouche aux lèvres d'or » où « dans les mains du soleil tous les corps qui s'éveillent/ Grelottent à l'idée de retrouver leur cœur ».

La réification du corps humain

Le procédé inverse, appelé réification, consiste quant à lui à employer des termes normalement utilisés pour des objets ou des choses inanimées afin de décrire un être humain. La confusion des divers éléments inanimés de la Nature avec le corps se révèle particulièrement riche dans « Suite », sorte de poème où l'harmonie de la nature en ce qu'elle a de plus vaste rejoint la petitesse du corps qui se délivre de ses limites humaines :

> Dormir, la lune dans un œil et le soleil dans l'autre,
> Un amour dans la bouche, un bel oiseau dans les cheveux,
> Parée comme les champs, les bois, les routes et la mer,
> Belle et parée comme le tour du monde.
> Fuis à travers le paysage,
> Parmi les branches de fumée et tous les fruits du vent,

> Jambes de pierre aux bas de sable,
> Prise à la taille, à tous les muscles de rivière,
> Et le dernier souci sur un visage transformé.

Si Éluard se montre délibérément énigmatique – il est en effet bien difficile de comprendre quel est le sujet de la première phrase –, ce n'est que pour mieux renforcer cette impression de communion idéale entre la nature et le corps. On comprend néanmoins que le sujet du poème est féminin, grâce à la marque syntaxique du genre (« Belle et parée »), et la comparaison entre la parure féminine et « les champs, les bois, les routes et la mer » indique clairement cette volonté de fondre deux beautés entre elles (la femme et la nature) au point de les confondre. De même, en qualifiant les jambes de « pierre aux bas de sable », Éluard insiste encore sur la désorganisation de l'ordre naturel des choses. Ce désordre était également richement représenté chez les Romantiques du XIXᵉ siècle puisqu'ils évoquaient volontiers la nature afin de représenter leurs sentiments, les deux étant indissociablement liés. À noter aussi qu'Éluard s'inspire fortement du célèbre poème « À une passante » de Charles Baudelaire (poète français), qui décrit une femme « agile et noble, avec sa jambe de statue ». En faisant l'éloge de sa bien-aimée Gala, Éluard fait d'elle une statue et force ainsi l'admiration légitime qu'elle doit mériter en tant que monument de glorification.

Ces louanges à l'égard d'une statue se retrouvent dans « L'égalité des sexes » où, dans un premier temps, les yeux sont comparés, par apposition, à des pierres (« [...] la beauté des yeux, beauté des pierres ») tandis que, dans un second temps, les pierres sont « nues et sans squelettes », insistant davantage sur la confusion entre l'animé et l'inanimé. Enfin, soulignons la particule laudative qu'inclut « ô ma statue », laquelle témoigne d'une admiration hors norme et d'une exaltation certaine.

Les quatre éléments constitutifs du monde représentent, chez Éluard, la profondeur de la matière. Il s'approprie ceux-ci et les fusionne avec l'être aimé afin de créer un univers poétique dynamique et fascinant dans lequel l'amour ne se résume pas à un lien entre deux êtres, mais représente plutôt une force à la fois fondatrice et unificatrice destinée à recréer le monde. Les images qui surgissent du rapprochement entre Nature et corps sont propres à la transfiguration éluardienne et correspondent à l'abolition complète et totale des structures conventionnelles de l'univers.

LE TRAUMATISME DE LA GUERRE ET SON ABSURDITÉ

La présence du substantif « capitale » laissait déjà présager au lecteur la possibilité de trouver un peu de Paris dans les pages de *Capitale de la douleur*. De même, la date de publication du recueil, huit ans après les derniers coups de canon et le parcours personnel d'Éluard – son enrôlement dans l'armée et son engagement au sein du parti communiste – éclairent la lecture de poèmes traversés par le thème de la guerre tels que « Paris pendant la guerre », « Perspective », « L'absolue nécessité », ou encore « L'image d'homme ».

Comme son nom l'indique, le premier d'entre eux évoque la capitale française en temps de guerre. Dans ce poème, la ville est décrite comme « statue vivante de l'amour ». Cette formulation est paradoxale puisque la ville est d'abord réifiée avec le substantif « statue » puis personnifiée grâce à l'adjectif « vivante ». L'objectif du paradoxe est de montrer la force de Paris, sa solidité face au temps et aux attaques, tout en soulignant sa vulnérabilité humaine et l'amour dont elle est porteuse. Ce poème, louant le courage de la ville assiégée, délivre le message d'espoir d'une libération prochaine, malgré les nombreuses attaques qu'elle a subies.

Une lutte des forces

Dans « Perspective », Éluard dresse le tableau d'un champ de bataille où les soldats, comparés à « un millier de sauvages » (il insiste ainsi sur le caractère déshumanisé de la guerre), s'apprêtent à affronter « des milliers d'arbres verts/Qui, sans en avoir l'air,/Tiennent encore à leur feuillage ». Le poème joue sur la confrontation entre deux armées qui s'opposent et, comme le titre l'indique, Éluard souhaite proposer son point de vue, sa perspective quant à cette confrontation qu'il estime absurde. La même absurdité inhérente au combat est perceptible dans le long poème en prose « L'absolue nécessité » où se superposent des pensées aisément corrélables à la guerre et sa cruauté :

Enfin, « L'image d'homme », qui se présente aussi comme un petit récit en prose, emprunte ses fondements à l'allégorie de la caverne de Platon. Pour rappel, Platon dénonce à travers l'image de la caverne le penchant naturel qu'ont les hommes à se contenter des images, par facilité, plutôt que d'atteindre la vérité au prix d'un apprentissage parfois douloureux, mais libérateur. Ainsi, Éluard reprend le motif de l'image, forcément fausse, dans laquelle l'homme – et plus particulièrement le soldat – se complait :

ce n'est que pour la replonger dans cette grande tristesse qui la dessine.

Le ton, fortement pessimiste, révèle incontestablement le dégout d'Éluard envers la guerre. Il conclut son poème par :

[…] Quelqu'un qu'on avait cru ivre prononce lentement cette phrase : « Le bien et le mal doivent leur origine à l'abus de quelques erreurs ».

Les paroles sages sont ainsi celles que l'on attribuait à quelqu'un d'apparemment ivre et donc déraisonnable, et la vision manichéenne du bien et du mal semble découler des excès guerriers, qu'Éluard considère comme des erreurs dont font preuve les hommes qui se tiennent dans le confort de la caverne.

PISTES DE RÉFLEXION

QUELQUES QUESTIONS POUR APPROFONDIR SA RÉFLEXION...

- En quoi les poèmes dédiés par Paul Éluard à ses amis peintres se différencient-ils des autres ?
- Quels éléments du recueil relèvent de l'héritage rimbaldien et baudelairien ?
- Paul Éluard était un membre important du surréalisme, mais sa vision poétique était moins radicale que celles de ses acolytes. Quels poèmes vous semblent représentatifs d'une volonté de déconstruire le langage tout en le préservant ?
- Quel sentiment Paul Éluard apparente à l'amour ? Quels sont les poèmes les plus représentatifs de celui-ci ?
- Paul Éluard s'approprie la tradition poétique classique en la réinventant. Quels sont les poèmes où se dégage le plus formellement possible une structure classique ?
- Parmi les éléments naturels qui inspirent Paul Éluard (le feu, la terre, l'eau et l'air), lequel est le plus présent au sein du recueil ?

- À quoi est le plus souvent associé le feu ?
- En quoi le poème *Les Gertrude Hoffman girls* est-il représentatif de l'époque moderne d'Éluard ?

Votre avis nous intéresse !
Laissez un commentaire sur le site de votre librairie en ligne
et partagez vos coups de cœur sur les réseaux sociaux !

POUR ALLER PLUS LOIN

ÉDITION DE RÉFÉRENCE

- *Capitale de la douleur. Suivi de L'amour la poésie*, Gallimard, coll. « Poésie », 1966, 255 p.

ÉTUDES DE RÉFÉRENCE

- « Avant-garde », in AARON P. (dir.), Le dictionnaire du littéraire, Paris, Quadrige/PUF, 2002, p. 40-42.
- BERGEZ D., *Éluard ou le Rayonnement de l'être.* Seyssel : Champ Vallon, 1982. 181 p
- DEBREUILLE, J.-Y., *Éluard ou le Pouvoir du mot : propositions pour une lecture.* Paris : Nizet, 1977. 187 p
- DECAUNES L., *Paul Éluard : biographie pour une approche*, Rodez, Subervie, 1964
- GATEAU J.-C., *Paul Éluard ou le frère voyant*, Robert Laffont, 1988
- GATEAU J-C., (texte présenté par) « Capitale de la douleur » de Paul Éluard. Paris : Gallimard, 1994. 213 p
- GOUVARD J.-M., « *Capitale de la douleur* »

de Paul Éluard : formes de la poésie, poésie des formes. Pessac : Presses universitaires de Bordeaux, octobre 2013. 180 p

- KITTANG A., *D'amour de poésie : essai sur l'univers des métamorphoses dans l'œuvre surréaliste de Paul Éluard.* Paris : Lettres modernes, 1969. 118 p
- LONGRE, J.-P., *« Capitale de la douleur » de Paul Éluard.* Paris : Bertrand-Lacoste, 1990. 126 p
- MEURAUD M., *L'image végétale dans la poésie d'Éluard.* Paris : Minard : Lettres modernes, 1966. 83 p
- PERCHE L., *Paul Éluard*, Éditions universitaires, 1963
- ROUX P., « L'illusion de la verve surréaliste dans Capitale de la douleur », Recherches & Travaux, 85 | 2014, 47-60.

SUR LEPETITLITTÉRAIRE.FR

- Fiche de lecture sur *Les Mains libres* de Paul Éluard.

Retrouvez notre offre complète sur lePetitLittéraire.fr

- des fiches de lectures
- des commentaires littéraires
- des questionnaires de lecture
- des résumés

DUMAS
- Les Trois
  Mousquetaires

ÉNARD
- Parlez-leur
  de batailles,
  de rois et
  d'éléphants

FERRARI
- Le Sermon sur la
  chute de Rome

FLAUBERT
- Madame Bovary

FRANK
- Journal
  d'Anne Frank

FRED VARGAS
- Pars vite et
  reviens tard

GARY
- La Vie devant soi

GAUDÉ
- La Mort du
  roi Tsongor
- Le Soleil des
  Scorta

GAUTIER
- La Morte
  amoureuse
- Le Capitaine
  Fracasse

GAVALDA
- 35 kilos d'espoir

GIDE
- Les
  Faux-Monnayeurs

GIONO
- Le Grand
  Troupeau
- Le Hussard
  sur le toit

GIRAUDOUX
- La guerre de
  Troie
  n'aura pas lieu

GOLDING
- Sa Majesté des
  Mouches

GRIMBERT
- Un secret

HEMINGWAY
- Le Vieil Homme
  et la Mer

HESSEL
- Indignez-vous !

HOMÈRE
- L'Odyssée

HUGO
- Le Dernier Jour
  d'un condamné
- Les Misérables
- Notre-Dame
  de Paris

HUXLEY
- Le Meilleur
  des mondes

IONESCO
- Rhinocéros
- La Cantatrice
  chauve

JARY
- Ubu roi

JENNI
- L'Art français
  de la guerre

JOFFO
- Un sac de billes

KAFKA
- La Métamorphose

KEROUAC
- Sur la route

KESSEL
- Le Lion

LARSSON
- Millenium I. Les
  hommes qui
  n'aimaient pas
  les femmes

LE CLÉZIO
- Mondo

LEVI
- Si c'est un
  homme

LEVY
- Et si c'était vrai…

MAALOUF
- Léon l'Africain

MALRAUX
- La Condition
  humaine

MARIVAUX
- La Double
  Inconstance
- Le Jeu de l'amour
  et du hasard

MARTINEZ
- Du domaine
  des murmures

MAUPASSANT
- Boule de suif
- Le Horla
- Une vie

MAURIAC
- Le Nœud
  de vipères

MAURIAC
- Le Sagouin

MÉRIMÉE
- Tamango
- Colomba

MERLE
- La mort est
  mon métier

MOLIÈRE
- Le Misanthrope
- L'Avare
- Le Bourgeois
  gentilhomme

MONTAIGNE
- Essais

MORPURGO
- Le Roi Arthur

MUSSET
- Lorenzaccio

MUSSO
- Que serais-je
  sans toi ?

NOTHOMB
- Stupeur et
  Tremblements

ORWELL
- La Ferme
  des animaux
- 1984

PAGNOL
- La Gloire de
  mon père

PANCOL
- Les Yeux jaunes
  des crocodiles

PASCAL
- Pensées

PENNAC
- Au bonheur
  des ogres

POE
- La Chute de la
  maison Usher

PROUST
- Du côté de
  chez Swann

QUENEAU
- Zazie dans
  le métro

QUIGNARD
- Tous les matins
  du monde

RABELAIS
- Gargantua

RACINE
- Andromaque
- Britannicus
- Phèdre

ROUSSEAU
- Confessions

ROSTAND
- Cyrano de
  Bergerac

ROWLING
- Harry Potter à
  l'école des sor-
  ciers

SAINT-EXUPÉRY
- Le Petit Prince
- Vol de nuit

SARTRE
- Huis clos
- La Nausée
- Les Mouches

SCHLINK
- Le Liseur

Analyse de l'œuvre
Germinal
d'Émile Zola
Analyse de l'œuvre
L'Étranger
d'Albert Camus
Analyse de l'œuvre
Le Père Goriot
de Balzac
Analyse de l'œuvre
Candide ou l'Optimisme
de Voltaire
Analyse de l'œuvre
Oscar et la Dame rose
d'Éric-Emmanuel Schmitt

ISBN version numérique : 9782808014168
ISBN version papier : 9782808014175
Dépôt légal : D/2018/12603/468

Conception numérique : Primento,
le partenaire numérique des éditeurs.

Ce titre a été réalisé avec le soutien de la Fédération Wallonie-Bruxelles, Service général des Lettres et du Livre.